Le petit livre du paillage et de la permaculture

DIRECTION DE LA PUBLICATION
Isabelle Jeuge-Maynart et Ghislaine Stora
DIRECTION ÉDITORIALE
Catherine Maillet
ÉDITION
Agnès Dumoussaud
RELECTURE-CORRECTION
Valérie Herman
MAQUETTE
J²Graph
COUVERTURE
Véronique Laporte
FABRICATION
Donia Faiz

ISBN 978-2-03-590272-6

Les Éditions Larousse utilisent des papiers composés de fibres naturelles, renouvelables, recyclables et fabriquées à partir de bois issus de forêts qui adoptent un système d'aménagement durable. En outre, les Éditions Larousse attendent de leurs fournisseurs de papier qu'ils s'inscrivent dans une démarche de certification environnementale reconnue.

Le petit livre du paillage et de la permaculture

Catherine Delvaux
Dessins de Gilles Bonotaux

LAROUSSE

Sommaire

** Les mots portant un astérisque sont expliqués dans le glossaire, voir p. 90 à 93.*

LE PAILLAGE

Mulch, paillis et paillage : question de mots

Paillis ou paillage, mulch ou mulching, couverture du sol : quelle confusion ! Sachez-le, les deux termes, « mulch » ou « paillis », désignent une couverture de la terre par des matériaux organiques (vivants ou pas) ou minéraux. Le premier est anglais, le second français. Mais si un paillis peut être minéral (gravillons, ardoises, etc.), un mulch est toujours organique. Traditionnellement, on n'utilise pas le terme « paillis » ou « mulch » pour les films plastique ou les feutres géotextiles.

Même si les deux mots sont pris l'un pour l'autre, ils indiquent des techniques différentes que nous verrons en détail pages 78-79. **Le terme « paillis »** devrait être utilisé pour désigner une couverture moins épaisse que celle désignée par **le mot « mulch »**. De surcroît, un paillis se met au printemps, APRÈS la plantation, AUTOUR du pied des plantes. Un mulch est permanent et se met à l'automne, AVANT la plantation. Et l'on plante DEDANS au printemps.

L'étymologie du mot « paillis » est claire : un paillis, c'est une couverture de paille. Le sens a ensuite dérivé et « paillis » désigne toute couverture de la terre, mise en place généralement par le jardinier.

Du côté anglo-saxon, « mulch » est un mot de vieil anglais datant de 1657, dérivé de « molsh » (soft, moist, moelleux et humide), en référence, peut-être, à l'état de la terre sous cette couverture douillette.

Les esprits pointilleux vous diront, cependant, que ces mots recouvrent des réalités différentes, tel celui-ci qui affirme : « *Le paillis, je l'enlève très facilement avec un râteau. Le mulch, il me faut une large griffe.* » D'autres encore vous diront qu'il existe de nombreux modèles de tondeuses à mulching (celles qui coupent l'herbe si finement qu'on n'a plus à la ramasser), mais que l'on ne trouve jamais de tondeuse à paillage, car on ne paille pas la pelouse. Soit !

Du neuf avec du vieux : l'origine de la technique

Nos ancêtres ont, en effet, paillé très tôt leurs cultures, comme l'attestent certaines enluminures du Moyen Âge. Mais le mot « paillis » n'apparaît qu'assez tard. Olivier de Serres, dans son *Théâtre d'agriculture*, au XVIe siècle, parle de « couverte » ou de « couverture ». On ne voit poindre le terme « paillis », dans les ouvrages de jardinage, qu'au XVIIIe siècle. En 1789, *le Dictionnaire du jardinier françois* conseille de couvrir de paille les légumes, à la Toussaint.

Une plongée dans les ouvrages du XVIIIe siècle nous laisse deviner que les jardiniers utilisaient aussi les feuilles : « *les artichauds couverts avec des feuilles et du pailli sec n'ont point été atteints* (par les gelées) » (*La Décade philosophique, littéraire et politique*, par une Société de républicains-1797).

Vers 1800, on voit que le paillis commence à avoir une autre utilité que la protection contre le froid. On peut lire : « *Ce genre de couverture sert à conserver la terre humide et à l'empêcher de durcir par l'effet des arrosements Le paillis arrête aussi le développement des mauvaises herbes. On emploie généralement du fumier de cheval très court, à demi consommé, que l'on retire des vieilles couches, soit de melons, soit de champignons. On se sert aussi de paille sèche et très courte. Les paillis doivent avoir 7 cm d'épaisseur.* » Quelle précision !

Quant au mot « mulch », il nous vient directement de nos amis anglo-saxons. **Au début des années 1900,** il apparaît dans les manuels d'agriculture pratique des pays chauds et désigne plusieurs choses : le papier asphalté que l'on utilise dans les cultures de cannes à sucre pour empêcher la levée des mauvaises herbes, ou bien la fine couche de terre émiettée en surface par les binages successifs. C'est tout simplement l'application du célèbre adage « Un binage vaut mieux que deux arrosages ». Cette couche de terre fine et sèche protège les couches du dessous de la dessiccation*. Le mot « mulch » arrive ensuite chez nous entre les deux guerres et prend petit à petit le sens de couverture organique.

Le paillage, pour quoi faire ?

Observez la nature : il n'y a que dans nos jardins (et nos champs) que la terre est nue. Partout ailleurs, elle est recouverte de feuilles, d'humus*, de plantes, de cailloux. Pailler consiste tout simplement à imiter humblement la nature et à recouvrir la terre de matières organiques ou minérales. Les bénéfices sont multiples : un bon paillage remplit 12 fonctions, pas une de moins !

Les 12 fonctions du paillis

1. Protège les racines et la souche du froid s'il est mis en automne. C'est probablement sa fonction historique. Sous un paillis de 25 cm, la terre ne gèle pas : on peut donc récolter les légumes d'hiver plus facilement.

2. Fait vivre une microfaune* très diversifiée, qui, en retour, transforme la matière organique et enrichit le sol. Il la protège du froid ou de la canicule, de la lumière, du dessèchement, des prédateurs aériens, etc.

3. Permet de se passer du travail du sol. La microfaune qui vit sous terre se charge de l'aérer, avec beaucoup plus de finesse et de subtilité que notre grossière bêche.

4. En se transformant en humus, le paillis change la structure de la terre et lui permet, comme une éponge, de conserver plus de 70 % de son eau.

** Les mots portant un astérisque sont expliqués dans le glossaire, voir p. 90 à 93.*

5. De façon mécanique, il **limite l'évaporation de l'eau.**

6. Empêche mécaniquement l'érosion du sol, sous l'effet de la pluie et du vent. Il n'y pas d'effet « croûte de battance* ».

7. En conservant le sol souple et poreux, le paillis permet que **l'eau de pluie s'infiltre** en profondeur, sans ruisseler ni se perdre.

8. Régule la température. Il forme une barrière thermique qui évite au sol de s'échauffer lors des journées très ensoleillées. S'il fait 50 °C au soleil, la température ne dépasse pas 30 °C sous le paillis. À l'inverse, les paillis minéraux concentrent la chaleur quand ils sont sombres (ardoises) et réchauffent la terre au printemps, permettant un démarrage précoce.

9. Empêche les graines des mauvaises herbes présentes **de germer** (la plupart a besoin de lumière pour cela). De plus, les premiers millimètres de terre, ceux qui se trouvent au contact du paillis, sont un lieu de fermentation. Des substances inhibitrices sont produites, qui empêchent toute levée des graines. (On retrouve le même effet dans un compost en fabrication : aucune graine n'y germe).

10. Permet de recycler tous les déchets végétaux du jardin et de la cuisine et de désengorger nos poubelles.

11. Si l'on **réutilise les matières issues du jardin pour pailler** (tontes, feuilles, branchages, etc.), on limite les voyages à la déchèterie et l'on fait des économies.

12. Garde les fraises et les légumes propres au potager.

PAILLIS

Le matériel du parfait petit pailleur

Pour pouvoir traiter toute la matière organique que produit votre jardin (et votre cuisine) dans l'année, ou pour manipuler les paillis du commerce, il vous faut un peu de matériel, pour couper, hacher, broyer, stocker, transporter, épandre et étendre, ratisser. Cela vaut le coup de s'équiper un peu.

Indispensables :

- un bon **sécateur** et un **coupe-branche,** pour les rameaux de plus d'1 cm de diamètre ;
- des **gants** solides ;
- un **broyeur électrique** pour réduire en morceaux tous les déchets de taille des arbustes ;
- un **composteur,** pour recycler un maximum de matière organique ; deux composteurs, c'est encore mieux ;
- une **pelle,** ou une **bêche,** pour vider le tas de compost ;
- un **râteau.**

Pas indispensables, mais bien utiles :

- une **bâche plastique** pour ramasser et déplacer feuilles mortes et débris ligneux ;
- une **griffe** ou un **croc à long manche** pour étaler le paillis ;
- un **petit râteau** d'enfant, pour étaler le paillis fin entre les plantes, dans un massif ;
- un **seau,** pour épandre les matériaux les plus fins comme les paillettes de lin ;

• une **brouette,** éventuellement, pour transporter les sacs de paillis ;
• un **tamis,** pour tamiser le compost et obtenir un matériau fin et homogène (sous-produit du compost grossier destiné au paillage) à mélanger, par la suite, au terreau de plantation des plantes en pot ou à étendre en couche fine sous un paillis de BRF*, de paille ou de feuilles.

Les inconvénients

Trop beau pour être vrai ?

Face à tous ces avantages, on s'étonne : n'y aurait-il pas « un loup » ? Eh bien non ! Le paillage entraîne peu d'inconvénients, au vu de tous les bénéfices qu'il apporte.

Les esprits chagrins vous diront que le paillage nécessite une **gestion de la matière organique,** des paillis, du compost et des déchets verts. Vrai ! Mais le travail engendré par **des arrosages et des désherbages** répétés est bien supérieur.

Lors d'années sèches, la terre a plus de mal à s'imbiber quand la pluie arrive, car les premiers millimètres de pluie ne mouillent que le paillage. Il est donc bon de prévoir un **tuyau microporeux*** sous le paillage.

D'autres esprits grincheux vous diront que c'est un **nid à limaces et escargots.** Ce qui n'est pas faux et qui peut poser problème au potager et à certaines plantes sensibles (jeunes plants de tagète, hostas, pousses de clématites, de dahlias, etc.). Le produit le plus écologique contre les limaces reste le **Ferramol®,** utilisable en agriculture biologique, à base de phosphate de fer, un élément présent dans la nature et qui se transforme en engrais en se décomposant, mais il est cher et il faut en remettre souvent. Notez, cependant, qu'il n'y a aucune raison pour qu'une réserve de limaces n'attire pas ses prédateurs : ce serait une grande première dans la nature ! De fait, le paillage favorise aussi la présence de carabes, grands consommateurs de limaces. Au potager, il est cependant sage de prévoir des plants de remplacement, surtout ceux des salades.

Certains paillages attirent les **oiseaux gratteurs** comme un aimant. Rouges-gorges, merles, étourneaux, accenteurs mouchetés, pinsons, piverts, corneilles le retournent à la recherche d'une terre meuble, abritant larves et insectes. Ils l'éparpillent aux alentours, sur la pelouse, dans les allées. Ils sont d'autant plus actifs que le sol est gelé. Il faut donc parfois jouer du râteau pour remettre tout au carré ! Vous pouvez aussi poser des branchages par-dessus. Le filet est à éviter, car il peut être un piège pour les oiseaux qui s'y prennent les pattes.

Pailler, oui ! Mais quoi ?

Si elles pouvaient parler, la plupart des plantes vous diraient qu'elles adorent le paillage.

C'est surtout le cas pour :

- **les haies** nouvellement plantées, car un paillis vous évite des heures de désherbage et met les plants à l'abri des coups de sec*. La croissance est alors meilleure et plus rapide la première année que celle des plants laissés sur terre nue ;
- **les jeunes arbres fruitiers** dont les racines ne sont pas encore assez développées pour résister à la concurrence d'un couvert herbeux ;
- **les petits fruits,** et spécialement les framboises et les mûres, qui naturellement poussent en forêt, dans les clairières et en lisière, où ils trouvent un paillage de feuilles et de bois mort et en décomposition ;

TOUT... ou presque

- **les massifs de rosiers.** On ne se souvient que trop bien des massifs de rosiers à la terre parfaitement nue dans les années 1970, ou bien recouverts d'écorces de pin dans les années 1980. Ce paillis est acidifiant et provoque à terme une chlorose* des feuilles qui se mettent à jaunir, donnant des plants malingres et partiellement défeuillés. En revanche, un paillage de compost bien mûr est excellent. Vous pouvez aussi y associer des couvre-sol* ou des vivaces basses. N'oubliez pas que l'ancêtre (et souvent aussi le porte-greffe) des rosiers, c'est l'églantine, qui pousse dans les haies et en lisière de forêt ou dans les friches, les pieds sous un épais couvert vivant ;
- **la plupart des plantes du potager** qui pousseront bien mieux dans une terre constamment fraîche.

Pas nous, pas nous !

Les plantes qui n'en veulent pas

Tous les paillis ne sont pas bons pour toutes les plantes et quelques-unes préfèrent même s'en passer.

- De manière générale, les **plantes méditerranéennes**, celles de la garrigue, comme les cistes, les aromatiques (thym, romarin, hélichrysum, etc.), n'aiment pas les paillis organiques épais, qui maintiennent trop d'humidité à leurs pieds. Pour ces plantes, préférez les paillis minéraux, en couche mince, pour reproduire au mieux les conditions naturelles.
- **Les plantes alpines**, qui poussent à l'état naturel dans des conditions assez sèches, pratiquement sur de la pierre, n'aiment pas non plus les paillages organiques.

• **Les plantes à bulbes**, à tubercules ou à rhizomes épais se passent volontiers de paillage, lequel concentre trop d'humidité au niveau de leurs organes de réserve. C'est le cas en particulier des iris, dont le dos des rhizomes doit affleurer le sol et « se chauffer » au soleil.
• **Au potager**, les légumes racines peuvent se passer d'un paillis, du moins épais (radis, navets, betteraves, carottes, pommes de terre). Ails, échalotes, oignons préfèrent aussi une terre sans paillis épais.
• N'enfouissez pas les **jeunes semis** sous un paillis épais : une couche de 1 ou 2 cm de paillis très fin suffit (paillettes de lin, par exemple).
• **Ne paillez pas** les endroits où vous voulez avoir des semis spontanés* : le paillis ne fait pas la différence entre une graine de « mauvaise herbe » et une graine de fleur, dont il compromet la germination de la même manière.

Mulcher la pelouse

Après «l'homme invisible», le paillage invisible !

Vous avez certainement entendu parler des tondeuses mulcheuses ou mulching. Le profil de leur lame et la forme spéciale de leur carter produisent une dépression d'air à l'intérieur du plateau de coupe, qui redirige l'herbe coupée plusieurs fois sur la lame, jusqu'à ce que les brins d'herbe soient finement hachés. Ils disparaissent alors comme par magie dans la pelouse. Ils vont protéger l'herbe du dessèchement, puis se décomposer dans les 10 jours et apporter à terme de l'humus. C'est la raison pour laquelle le terme « mulcheuse » a été choisi. Il s'agit d'un mulch pratiquement invisible, mais qui remplit bien ses fonctions.

- Il existe **deux types de tondeuses mulching** :

> les tondeuses classiques, dotées d'un kit mulching, que l'on peut installer ou pas, et d'un panier de ramassage. Vous pouvez les faire fonctionner soit traditionnellement (sans mulching et avec le panier), si l'herbe est haute ou si vous désirez récupérer les tontes, soit en mulcheuses (avec le kit et sans panier).

> Les tondeuses exclusivement mulcheuses.

• Pour que la **tondeuse mulcheuse** puisse bien jouer son rôle, il faut respecter quelques règles :
> tondez régulièrement la pelouse, tous les 4 à 6 jours en pleine saison, pour que l'herbe ne devienne pas trop haute. On ne doit tondre en fait qu'un tiers de la hauteur à chaque fois ;
> tondez quand l'herbe est sèche ;
> veillez à ce que le carter soit toujours propre, en le nettoyant après chaque tonte.

Les avantages :
> vous gagnez 30 % de temps sur la tonte car vous ne ramassez plus l'herbe ;
> la pelouse est naturellement fertilisée ;
> vous n'avez plus à stocker, recycler ou éliminer les résidus de tonte ;
> l'humidité du sol est conservée (l'herbe coupée contient 95 % d'eau), l'évaporation est diminuée par le paillis créé. Votre pelouse est ainsi protégée de la sécheresse.

Les inconvénients :
- il faut tondre tous les 4 à 6 jours ;
- l'herbe ne doit être ni trop haute, ni mouillée ;
- il faut nettoyer le carter à chaque utilisation ;
- il faut éliminer tous les débris et les pierres qui pourraient endommager la lame mulching de la tondeuse ;
- vous n'avez plus autant de déchets de jardin pour monter un bon tas de compost et plus du tout de tontes pour pailler les massifs.

Pailler les allées ? Et pourquoi pas !

On peut très bien pailler les allées du jardin, et spécialement celles du potager, pour ne plus avoir à les désherber ou à les tondre et pour marcher les pieds au sec quand il pleut. On choisira alors un paillage qui se décompose très lentement. Le meilleur est très certainement celui composé d'écorces de pin de moyen et gros calibres. Autant les écorces de pin sont déconseillées au potager et sur la plupart des plantes du jardin à cause de leurs tanins et de leur pouvoir acidifiant à terme, autant elles rendent de fiers services dans les allées. Il existe plusieurs types d'écorces de pin, choisissez celles qui conviennent pour le paillage des allées (gros calibre, morceaux supérieurs à 4-5 cm).

Tassez bien le sol nu, puis posez un feutre horticole* ou une bâche en non tissé qui va empêcher les mauvaises herbes de lever et les écorces de s'enfoncer dans la terre. Enfin, étalez une couche de 10 à 15 cm d'écorces. Vous pouvez choisir d'étaler les plus gros calibres sur 5 cm d'épaisseur et de compléter avec des écorces de calibre moyen. Tassez bien avec les pieds et le dos du râteau.

Astuce

Pour que le paillis reste bien en place, l'idéal est de décaisser l'allée sur 10 cm, afin que les écorces arrivent juste au niveau de l'herbe ou des massifs. Elles seront ainsi bien moins enclines à se répandre hors de l'allée.

Les bonnes pratiques

Du paillis, oui !
Mais pas n'importe comment !

Pailler, ce n'est pas juste jeter un paillis au sol, ce serait trop facile !

Il y a quelques règles à connaître :

- **désherbez** la terre avant. Arrachez avec soin les vivaces*, les plantes à racines pivotantes* (chardon, pissenlit, bardane, etc.), celles à racines ou stolons traçants (renoncule rampante, liseron, gléchoma). Sinon, soyez-en sûr, elles vont se débrouiller pour traverser le paillis. Ce faisant, ameublissez la terre ;
- **ratissez et nivelez la terre** pour que le paillis reste bien en place partout ;
- **paillez après une longue pluie,** ou bien arrosez abondamment avant ;
- si vous **paillez au printemps,** ne procédez pas trop tôt. Attendez que la terre se réchauffe ;
- **écartez les paillis des troncs** et de la base des plantes ;
- quand vous commencez à pailler des cultures pérennes (petits fruitiers, légumes à long cycle ou vivaces, etc.), continuez à **pailler régulièrement.** En effet, si le paillis disparaît, les racines superficielles des plantes vont sécher ;
- **désherbez** la première année ;

- si vous optez pour les paillis très fins, comme la paillette de lin, pensez à **arroser l'ensemble** de la surface quand vous avez terminé. Cet arrosage permettra de les « fixer » et d'éviter qu'ils ne s'envolent ;
- **épandez la bonne épaisseur.** Selon les matériaux et les plantes, l'épaisseur variera de 2 cm (cailloux, graviers) à 20 cm (compost), voire plus (feuilles mortes) ;
- **« gérez votre paillis ».** Remettez-le en couche quand les oiseaux l'ont dispersé et « rechargez » en matière organique au fur et à mesure qu'il « fond » dans le sol (digéré par les vers de terre) ;
- enfin, **évitez de piétiner votre paillis,** pour lui conserver sa structure aérée.

Les mauvaises pratiques

Ne vous tirez pas une balle dans le pied !

Ne paillez pas durant des années avec le même matériau. Certains forment un humus acide très peu nutritif comme les aiguilles de pin ou d'épicéa, les branches de thuyas broyées, les feuilles de châtaigniers, de hêtres, etc. Il faut faire une rotation des paillis d'une année à l'autre, en alternant des paillis riches en azote (tontes, déchets de cuisine) et des paillis structurants, plus riches en carbone (BRF, paille, feuilles mortes).

- Ne paillez pas sans avoir préparé la terre (voir désherbage, aération, nivellement, p. 28-29).
- Ne paillez jamais un sol gelé, car la terre mettrait beaucoup de temps à se réchauffer, ce qui retarderait d'autant le démarrage des plantes.
- Ne paillez pas par vent fort, vous risqueriez de pailler chez les voisins !
- Ne posez pas une couche trop fine de paillis sous prétexte que le produit est cher. Pas assez épais, le paillis ne sert à rien. Mieux vaut utiliser alors du paillis maison (tontes, compost, broyats de branches, feuilles mortes).
- N'oubliez pas de recharger la couche de paillis quand elle s'amincit. Au fil des ans, la microfaune* du sol devenant plus importante, elle

décompose et enfouit plus vite la matière organique. Surveillez régulièrement vos massifs.

• Ne mettez jamais vos tontes de gazon fraîchement coupées directement dans vos massifs et en couche supérieure à 5 cm. L'herbe risquerait de fermenter, ce qui serait néfaste pour vos plantations. Faites-la sécher trois jours au soleil avant de l'épandre.

• Ne paillez pas les plantes qui aiment les sols secs et pauvres avec un paillis organique (voir p. 38-41).

• Ne mettez pas un paillis trop épais sur un sol très humide en permanence. L'humidité va stagner au niveau des racines et les faire pourrir.

Le double paillage : la Rolls des paillis

Les bactéries responsables de la décomposition d'un paillis organique ont besoin d'azote* pour faire leur travail. Elles le prennent dans la terre, au détriment des plantes qui viennent alors à en manquer. Le résultat ne se fait pas attendre : on observe un jaunissement des feuilles, ce que les professionnels définissent comme une chlorose. Ce phénomène s'appelle la « faim d'azote* ». Heureusement, ce jaunissement est passager et les plantes se rétablissent ensuite quand le paillis commence à se décomposer et à relâcher lui-même de l'azote.

On peut cependant éviter cette faim d'azote. Pour cela, il existe des solutions :

- on peut épandre le paillis un ou deux mois avant le début des cultures. À l'interface entre la terre et le paillis, la décomposition va commencer. Les bactéries vont consommer l'azote disponible, mais avec les produits de la décomposition, la terre va ensuite retrouver une teneur en azote correcte ;
- on peut déposer, sous le paillis, une fine couche de matériaux riches en azote (orties broyées, tontes de gazon sèches, compost bien mûr, un peu d'engrais pelouse). Les bactéries vont se servir de cet azote facilement disponible, sans toucher à celui contenu dans la terre. C'est ce que l'on appelle le double paillage.

Sol
paillis riche en azote
Double paillage

L'AZOTE, ça me botte
PROMO sur le CARBONE

CHOISIR SES MATÉRIAUX

Les différents paillis non organiques

Un paillis non organique, di aussi « inerte », est un paillis qui ne bouge pas, dans le sens où il ne se dégrade pas.

Ces matériaux agissent seulement de manière mécanique. Ils empêchent l'eau de s'évaporer et les mauvaises herbes de pousser. Il en existe plusieurs sortes :

- **les paillis minéraux** (graviers, schistes, ardoise ou brique pilée, pouzzolane, etc.). Ils sont à leur place dans les jardins alpins*, les jardins japonais, les rocailles, les jardins de plantes aromatiques. Ils ont l'avantage de ne pas être dispersés par les oiseaux et de durer indéfiniment (du moins tant qu'ils ne s'enfoncent pas dans la terre). Ce sont aussi des matériaux naturels, décoratifs. Ils réchauffent le sol, permettent la vie biologique et n'entretiennent pas d'humidité autour du collet des plantes. En revanche, ils ont souvent un coût élevé, disparaissent dans le sol si l'on n'étend pas sous eux un voile perméable, n'apportent pas d'humus et ne peuvent s'utiliser que sur de petites surfaces. Avantage collatéral pour les plantes de rocaille : en s'enfonçant petit à petit dans le sol, ils le rendent plus drainant, ce qu'apprécient ces plantes ;
- **la bâche en non tissé** laisse respirer les plantes, crée un microclimat favorable aux racines. Mais elle est inesthétique, et exige une bonne fixation pour ne pas s'envoler. Elle est utile sur les talus, les terrains en pente. C'est un bon complément des paillis organiques ou minéraux sur les surfaces planes ;

• **la toile en fibre plastique** empêche totalement les mauvaises herbes de s'implanter. Mais elle est inesthétique, peu écologique car non recyclable et surtout, empêchant l'air et l'eau de passer, elle stérilise le sol en quelques mois. À éviter absolument !

• **les cartons** ne sont pas tout à fait des paillis inertes car ils se dégradent en enrichissant le sol. Ils sont gratuits, conservent l'humidité du sol et éliminent les mauvaises herbes. C'est un recyclage intelligent. Mais ils s'envolent s'ils ne sont pas plaqués au sol par de grosses pierres ou, mieux, par une épaisse couche de compost ou de feuilles mortes.

Il y a paillis et paillis

Tous les paillis ne se valent pas. Ceux qui sont **issus directement du jardin** (compost, feuilles, tontes, BRF, engrais verts, etc.) sont écologiquement meilleurs que ceux qui sont achetés dans le commerce. Ils sont en effet produits sur place et n'alourdissent pas le bilan carbone* avec un transport plus ou moins long. Ils sont gratuits et renouvelables. Et vous savez exactement ce que vous avez mis dedans !

Parmi les paillis du commerce, privilégiez ceux qui viennent de France. L'énergie dépensée pour le transport de ceux qui viennent de loin (cosses de cacao, par exemple) est trop importante. Les paillis du commerce peuvent être utilisés sur de petites surfaces, en surfaçage*, pour cacher un compost moins esthétique ou le remplacer quand ce dernier vient à manquer provisoirement, ou encore pour des besoins spécifiques (plantes de rocaille).

Tous les paillis n'ont pas non plus la même composition. En se décomposant, certains libèrent du carbone, d'autres plutôt de l'azote. Il est bon de connaître leur nature pour pouvoir alterner et diversifier ainsi les épandages.

Tableau comparatif des différents paillis

Paillage libérant du carbone				
Paillis	**Épaisseur**	**PH**	**Durée de vie**	**Remarques**
Feuilles mortes	5-20 cm	Neutre	De 3 à 6 mois	L'un des meilleurs paillis qui soient.
BRF	5-7 cm	Neutre	De 1 à 2 ans	Améliore les sols dégradés.
Chènevotte (chanvre)	5-7cm	Neutre	De 12 à 24 mois	Une fois arrosée, croûte en surface Absorbe 4 fois son poids d'eau.
Paille (blé, orge, avoine, miscanthus)	5-15 cm	Neutre	1 an	Excellent sur les choux.
Paillettes de lin	5-7 cm	Neutre	2 ans	Peuvent se mélanger à la terre de plantation pour constituer une réserve d'eau.
Paille de lavande	5-10 cm	Neutre	1 an	Éloigne les insectes.

Fougères sèches	5-8 cm	Neutre	De 4 à 5 mois	Coupez-les au sécateur quand vous les cueillez et ne les déracinez pas.
Écorces de pin maritime	5-10 cm	neutre à acidifiant	De 4 à 5 ans et plus	Acidifiantes à terme.
Aiguilles de conifères	3-8 cm	acidifiant	1 an et plus	Acidifiantes à terme.
Plaquettes d'aulne	6-8 cm	Neutre	2 ans et plus	La couleur orangée/rosée est naturelle.

Paillage libérant de l'azote

Paillis	**Épaisseur**	**PH**	**Durée de vie**	**Remarques**
Tontes de gazon	2-5 cm	neutre à acide	1 mois	Bien faire sécher avant d'épandre.
Mauvaises herbes	5-10 cm	Neutre	2 mois	Ne pas mettre les plantes montées à graines.
Cosses de cacao	5 cm	Neutre	1 an	Prennent en masse dès qu'elles sont mouillées.
Engrais verts	5 à 50 cm	Neutre	De 3 à 5 mois	Laissez-les se décomposer au sol une fois que vous les avez coupés.

Je paille quoi au potager ?

Il existe une gamme élargie de matériaux de paillage. Ceux issus de votre jardin sont, de manière générale, plus accueillants pour la faune et la microfaune (crapauds, vers luisants, coccinelles, etc.), car ils sont pleins de recoins (feuilles mortes, mousses, rameaux broyés) et aérés. Les paillis du commerce offrent moins d'abris et on les met généralement en couches plus minces. On peut privilégier l'un ou l'autre ou bien associer les deux. Les choix présentés ci-dessous sont tout à fait indicatifs et ne résultent que de l'expérience de l'auteur. Faites vos propres expériences et notez les résultats qui dépendront de votre terre, du climat, de vos légumes.

Plantes	But recherché	Paillis	Cm[1]	Durée
Légumes à cycle rapide : radis, épinards, mesclun	Conservation de l'humidité, conservation des légumes propres.	**Choix n°1 :** tontes d'herbe sèche. **Choix n°2 :** paillettes de lin.	1-2 cm 1-2 cm	15 jours, à renouv. 2 mois
Légumes à cycle de 3 mois : chou-rave de printemps, pois, haricots, navets de printemps, pommes de terre primeurs	Protège la terre de la battance*. Conserve l'humidité Empêche les mauvaises herbes.	**Choix n°1 :** tontes et feuilles mortes tendres. **Choix n°2 :** fougères sèches. **Choix n°3 :** granulés de paille de céréales compressés.	3-4 cm 5 cm 5 cm	1 mois, à renouv.[2] 4 mois 4-5 mois
Légumes à cycle long (choux, courges, pommes de terre de conservation, tomates, artichauts, fraisiers, radis d'hiver)	Protège la terre. Empêche les mauvaises herbes.	**Choix n°1 :** paille hachée. **Choix n°2 :** fougères sèches en mélange avec du compost à demi-mûr. **Choix n°3 :** feuilles mortes coriaces.	5-6 cm 6-7 cm 8-10 cm	2 mois, à renouv. 4-6 mois 4 mois
Fruitiers	Empêche les mauvaises herbes les premières années. Nourrit.	**Choix n°1 :** mulch du Jura (écorces et fibres de sapin, enrichi en compost vert et en fumier composté).	10 cm	12-15 mois

(1) Épaisseur en cm. (2) À renouveler.

Je paille quoi

Plantes	But recherché	
Haies	Éloigne les mauvaises herbes, surtout les 2 premières années.	
Massifs de vivaces	Conserve l'eau, nourrit, empêche les mauvaises herbes.	
Massifs d'arbustes	Nourrit, améliore le sol.	
Rosiers	Nourrit, empêche les mauvaises herbes. Protège le sol de la battance*.	
Allées	Laisse les pieds bien au sec. Empêche la levée des mauvaises herbes.	
Plantes de rocaille	Garde le collet des plantes au sec. Favorise le drainage quand il s'enfonce en terre.	
Potées fleuries	Conserve l'eau. Empêche la terre de sauter lors de fortes pluies et de salir la terrasse, la vitre, etc.	
Plantes exotiques	Empêche les mauvaises herbes, régule la température.	

au jardin ?

	Paillis	Durée	Épaisseur
······ > ······ >	**Choix n°1 :** compost mûr tamisé + BRF. **Choix n°2 :** carton + compost.	6-12 mois 6 mois	2 cm + 7 cm 1 cm + 15 cm
······ > ······ >	**Choix n°1 :** compost demi-mûr + Tontes d'herbes sèches. **Choix n°2 :** compost demi-mûr + coques de cacao.	4-6 mois 3-6 mois	10 cm + 5 cm 7 cm
······ > ······ >	**Choix n°1 :** compost mûr tamisé + BRF. **Choix n°2 :** cartons + compost.	6-12 mois 6 mois	2 cm + 7 cm 1 cm + 15 cm
······ > ······ >	**Choix n°1 :** compost demi-mûr **Choix n°2 :** « mulch du Jura » (écorces et fibres de sapin), enrichi en compost vert et en fumier composté.	4-6 mois 12-15 mois	10 cm 10 cm
····· > ····· > ····· >	**Choix n°1 :** écorces de pin gros calibre (voile géotextile en dessous). **Choix n°2 :** branches de thuyas broyées **Choix n°3 :** paillis minéral (+ voile géotextile).	10 ans et + 2 ans 10 ans et +	10 cm 6-8 cm 5 cm
····· >	**Choix n°1 :** paillis minéral (graviers, ardoises, brique pilée, etc.).	1 à 2 ans, plus s'il ne s'enfonce pas dans le sol	1 à 3 cm
····· > ····· >	**Choix n°1 :** paillettes de lin. **Choix n°2 :** cosses de cacao.	4-6 mois 4-6 mois	2 cm 2 cm
····· >	**Choix n°1 :** chips de coco (calibre 10/20 mm).	6 mois	5 cm

Quand le paillis devient dangereux

Les chiens et le cacao ne font pas bon ménage. En effet, les cosses de cacao renferment des molécules de la famille des alcaloïdes*, dont la fameuse **théobromine,** dangereuse pour les chiens qui ne la métabolisent que très lentement. On y trouve aussi un peu de **caféine,** le principal alcaloïde du café. Le chien est très sensible aux effets de ces substances et la dose toxique est vite atteinte. Les premiers signes surviennent une à plusieurs heures après l'ingestion. Les principales manifestations sont la soif, les vomissements, l'agitation et les tremblements, mais parfois, au contraire, une faiblesse et un abattement. L'évolution dure en moyenne de 12 à 24 heures. Dans les cas graves, on note des troubles cardiaques, voire un coma et l'intoxication peut être mortelle. Mais si l'évolution est favorable, l'animal se remet sans séquelles.

La ricine, quant à elle, est pire que du cyanure. Le tourteau de ricin est le reliquat de l'industrie de l'huile de ricin (reste des graines de ricin broyées, écrasées). Il se présente sous la forme d'une poudre assez grossière et quasiment sèche. C'est d'abord un engrais de fond azoté. Il est bien préconisé, sur les emballages, de l'enfouir dès l'épandage, car il est dangereux pour les animaux domestiques. Mais il est parfois utilisé comme paillis. Or, la ricine qu'il contient encore est un poison mortel, aussi bien pour les animaux que pour l'homme. Pure, la ricine est hautement toxique : 6 000 fois plus toxique que le cyanure et 12 000 fois plus que le venin du crotale ! Le tourteau l'est moins, puisque c'est un sous-produit, mais il contient encore des traces de ricine en quantités suffisantes pour poser problème.

Les feuilles mortes se ramassent à la pelle !

Les feuilles mortes remplissent 11 fonctions sur les 12 énumérées pages 12-15. (Il est difficile de leur appliquer la 12e, qui dit qu'un bon paillis conserve les fraises et les légumes propres, car il y a, en général, peu de feuilles mortes à la belle saison).

Les feuilles sont riches en cellulose, pauvres en lignine. Elles forment donc, en se décomposant, un humus dit « jeune »*, dont les plantes peuvent se servir assez rapidement. Et surtout, les feuilles sont composées d'éléments nutritifs que l'arbre est allé chercher profondément dans le sol, à plusieurs mètres sous terre. Les racines des arbres secrètent en effet des enzymes qui dissolvent la couche superficielle de la roche-mère, cette roche que l'on trouve en profondeur, sous la couche de terre arable*. Elles absorbent minéraux et oligoéléments* qui sont ensuite véhiculés par la sève brute* jusqu'aux feuilles. Un paillis de feuilles a donc un effet fertilisant. Vous pouvez passer au broyeur les feuilles les plus épaisses, pour un compostage plus rapide (magnolia persistant, houx, lierre, laurier-palme, châtaignier, platane, noyer, etc.).

Notez que les feuilles persistantes sont souvent couvertes d'une cuticule cireuse. Cette dernière fait barrage aux micro-organismes et retarde la décomposition. C'est donc un inconvénient quand on veut les composter, mais un atout si l'on s'en sert en paillage sur des cultures de longue durée (artichauts, fraisiers, choux, petits fruits, rosiers, haies, massifs de vivaces, etc.)

Pratiquement toutes les feuilles sont bonnes à utiliser. Certaines, cependant, ne conviennent qu'aux plantes de terre de bruyère, car elles acidifient la terre (thuyas, pins, cyprès, bruyères). Pour les autres plantes, mélangez-les aux feuilles des arbres caducs (1/3 maximum de feuilles acidifiantes et 2/3 d'autres feuilles), ou broyez-les à la tondeuse et utilisez-les pour couvrir les allées en terre du jardin. Dans ce dernier cas, en raison de leur pouvoir antigerminatif et herbicide, elles conserveront le sol net. Bien sûr, pour les mêmes raisons, ces feuilles ne doivent être utilisées, ni pour les jeunes plantations, ni pour les semis.

Le BRF, mais qu'est-ce que c'est ?

Derrière cet acronyme, se cache un matériau mis au point par des forestiers canadiens. Le BRF (Bois Raméal Fragmenté) est un paillis composé d'un broyat de jeunes rameaux de feuillus, riches en sucres, protéines, cellulose* et lignine*, éléments nécessaires à la fertilité des sols.

À la différence du compost, attaqué par les bactéries, le BRF est d'abord attaqué par des champignons dévoreurs de lignine. Sous le paillis de BRF, collemboles, acariens fongivores* et carnivores, araignées, insectes, cloportes, iules, vers de terre se mettent en activité : les déjections de cette microfaune constituent une sorte d'engrais spécial. La décomposition du bois reproduit, en accéléré, la formation de la litière de la forêt, constituée de feuilles et de ramilles tombées à terre.

Le BRF en pratique

- **Taillez vos feuillus caducs** entre novembre et mars (on tolère 20 % de pin ou de sapin). Les bois de rameaux de chêne, hêtre, charme, noisetier ont fait leurs preuves. Évitez l'eucalyptus, le laurier-rose, les bambous, la canne de Provence. Les branches doivent mesurer moins de 7 cm de diamètre.
- **Épandez le BRF** un mois avant le début des cultures, en couche de 1,5 à 3 cm d'épaisseur, pas plus, pour que la décomposition se fasse à froid par les champignons qui ne consomment pas d'azote.

BRF CLUB

Avantages du BRF

- Il favorise le développement des **mycorhizes***, ce qui entraîne une meilleure vigueur des plantes.
- Le sol s'enrichit en **humus** au fil des ans et devient facile à travailler.
- L'humus stocke les **éléments nutritifs,** qui sont alors protégés contre le lessivage.
- **Le BRF agit comme une éponge :** 1 m^3 de BRF stocke 350 litres d'eau. Les plantes résistent mieux ainsi au manque d'eau.
- **Les champignons** ont une activité nématicide (ils détruisent les nématodes, parasites du sol) et antibiotique dont la plante profite : il y a moins de maladies.
- **Le pH** se rapproche de la neutralité, une zone qui convient à la plupart des plantes ornementales.

Inconvénients du BRF

- Les résultats sont variables en fonction du sol. La technique est, par exemple, décevante sur les sols qui se gorgent d'eau facilement. D'autre part, une bonne terre de potager, qui a régulièrement été enrichie, n'a pas besoin de BRF.
- Les plantes peuvent jaunir la première année si la couche de BRF est trop épaisse : si les matériaux commencent à se composter (sous l'action des bactéries et non plus des champignons), l'azote est consommé au détriment des plantes. Apportez alors du purin d'orties, riche en azote.

Encore ça que les plantes n'auront pas !
AZO_
TE

Les engrais verts, paillis vivants et temporaires

Les engrais verts sont des plantes choisies pour leur rapidité de croissance. On les sème pour ne pas laisser le sol nu. Ces plantes poussent, puis sont coupées ou fauchées à un stade jeune. La matière organique est laissée à même le sol. Elle se décompose, stimule l'activité biologique du sol et enrichit la terre en humus.

Les engrais verts sont en quelque sorte des **paillis vivants** (dans un premier temps), puisqu'ils remplissent une bonne partie des 12 fonctions d'un bon paillis (voir p. 12-15). Ils produisent de l'humus, changent la structure de la terre*, limitent l'évaporation de l'eau, empêchent l'érosion du sol, font barrage aux mauvaises herbes. **Les plantes de la famille des crucifères** (colza, moutarde, radis fourrager) présentent même une fonction supplémentaire : libérant des composés soufrés, elles ont une **action désinfectante sur le sol.**

Dans certains cas, il est tout de même préférable d'éviter le semis d'engrais verts : en cas de forte infestation de taupins, par exemple, laissez le sol nu et sec en été. Cette technique permettra de limiter les pontes (absence de végétation) et favorisera la dessiccation des œufs.

J'ai comme l'impression qu'on se sert de nous !

Nom	Nom latin	Sol	
Avoine	*Avena sativa*	Neutre	....
Blé	*Triticum sp.*	Tendance calcaire	....
Fenugrec	*Trigonella foenum-graecum*	Tendance calcaire	....
Féverole	*Vicia faba* var. *minuta*	Neutre et frais	....
Lupin	*Lupinus luteus*	Acide	....
Luzerne	*Medicago sativa*	Tendance calcaire	....
Moutarde blanche	*Sinapis alba*	Tout type	....
Phacélie	*Phacelia tanacetifolia*	Tout type	....
Sarrasin	*Fagopyrum sagittatum*	Tout type	....
Seigle	*Secale cereale*	Acide	....
Trèfle des prés	*Trifolium pratense*	Tendance calcaire	....
Vesce	*Vicia sativa*	Tout type	....

	Semis	Enfouissage
.....>	En automne ou février mars	3 ou 6 mois plus tard
.....>	Printemps	3 mois plus tard
.....>	Entre mars et juillet	3 mois plus tard
.....>	Toute l'année	3 mois ou 6 mois (hiver)
....>	De mars à fin juillet	3 mois après la levée.
....>	En avril ou à l'automne	de 6 mois à 3 ans plus tard
....>	De mars à septembre	2-3 mois plus tard
....>	D'avril à août	3-4 mois plus tard
....>	De mai à juillet	3 mois plus tard
....>	Février-mars ou août-septembre	3 ou 6 mois plus tard
....>	Au printemps et à l'automne	6 mois à 2 ans plus tard
....>	En septembre-octobre ou mars-avril	3 mois (ou 6 mois en hiver) plus tard

Les couvre-sol, paillis vivants et permanents

Les couvre-sol sont des plantes (vivaces, souvent) qui habillent toute la surface du sol, le couvrant d'un manteau végétal dont l'épaisseur peut varier de quelques centimètres à plusieurs dizaines de centimètres. On fait appel à eux quand tout refuse de pousser, ou quand, au contraire, les mauvaises herbes deviennent un problème dans un endroit nu. Mais ces plantes savent faire bien plus que couvrir le sol et occuper les espaces vides !

Les avantages :

- on peut les implanter dans des **endroits peu accessibles** à la tondeuse ou au jardinier ;
- les couvre-sol, comme tout bon paillis, **suppriment la corvée de désherbage,** du moins après la première année. Le jardinier passe donc moins de temps à fignoler le pied des haies, des arbres, des murs et les abords de bâtiments, terrasses, clôtures et escaliers ;
- les couvre-sol laissent **l'eau de pluie pénétrer dans le sol,** ce qui limite le ruissellement* et l'engorgement des stations d'épuration. Ils font barrage à l'érosion sur les endroits en pente, protégeant la terre des pluies violentes et du vent ;
- un tapis de couvre-sol est bien plus **accueillant pour la faune et la microfaune** que le gazon. Certaines plantes attirent les oiseaux, les papillons, les insectes auxiliaires auxquels ils fournissent le gîte et le couvert.

Les meilleurs couvre-sol :

- **Sous les arbres** (caducs) : muguet *(Convallaria majalis)* ; pachysandra *(Pachysandra terminalis)* ; petite pervenche *(Vinca minor)* ; lierre *(Hedera helix)* ; épimédium *(Epimedium sp.)*.
- **Sur un talus :** lierre *(Hedera helix)* ; cotonéaster *(Cotonesater sp.)* ; céraiste *(Cerastium tomentosum)* ; achillée *(Achillea sp.)* ; genévrier *(Juniperus sp.)* ; millepertuis à grandes fleurs *(Hypericum calycinum)* ; sédums *(Sedum sp.)* ; linaire cymbalaire *(Cymbalaria muralis)*.
- **Au potager :** les engrais verts servent de couvre-sol avant d'être coupés et laissés au sol. Dans les endroits nus, implantez des fraisiers des bois (variétés rouges ou blanches). Ils se multiplient vite, formant de véritables tapis, et laissent peu de chances aux mauvaises herbes.

Le compost de jardin

Rien ne se perd, rien ne se crée, tout se transforme

Le compost fait maison est l'un des principaux paillis du jardin. Zéro transport, zéro coût et 100 % bon sens ! Dans ce compost, on trouve aussi bien les déchets du jardin (tontes de gazon, mauvaises herbes, rameaux broyés, feuilles mortes, fruits véreux, déchets du potager), que ceux de la cuisine (épluchures de fruits et légumes, coquilles d'œufs).

Pour un jardin de 500 m^2, trois bacs en planches, de 1 m^3 de volume chacun, suffisent à composter les déchets végétaux produits par la pelouse, les massifs, une haie de feuillus* variés de 50 m environ, un petit potager pour une famille de 4 personnes, ainsi que les déchets végétaux produits par la cuisine. Le volume des débris que vous empilez sur le tas, aussi impressionnant soit-il au départ, va diminuer des deux tiers au cours de la fermentation. Un bac de 500 l donnera au final de 150 à 250 kg de compost mûr. De quoi pailler environ 40 à 50 m^2 de massifs. De plus, composter 500 grammes de matières organiques (et donc ne pas les envoyer à la décharge) permet d'éviter la production de 3 m^3 de biogaz*, surtout de méthane, un des principaux gaz responsables de l'effet de serre.

On peut utiliser ce compost de trois manières :

- on l'épand à demi-mûr (on reconnaît encore certains débris) ;
- on l'épand quand il est complètement mûr (on ne reconnaît quasiment plus la nature des débris) ;
- on tamise le compost mûr pour récupérer un compost très fin, qui ressemble à du terreau, et on l'épand en couche fine (2 cm au maximum), sur la terre, sous un compost demi-mûr ou d'un BRF.

Il existe une **4e méthode d'utilisation** de ces déchets verts, c'est le compostage sur place : on épand les matériaux directement sur la terre, entre les plantes, sans passer par la phase bac à compost. Ce n'est pas toujours très esthétique, sauf si l'on recouvre systématiquement par des feuilles mortes ou du BRF. Il faut prévoir, de toute manière, une bonne couche de compost tamisé, de feuilles d'orties, d'engrais pelouse (tous riches en azote) sous cette couche de paillis, pour éviter la faim d'azote.

Comment faire un bon compost

1. **Retournez la terre** à l'endroit où vous allez composter. Montez vos planches, si vous avez un composteur en bois. Placez au sol une couche de petites branches, qui vont faciliter la circulation de l'air.

2. **Déposez** en alternance ce que vous avez sous la main : une couche de tontes d'herbes sèches, une couche de feuilles mortes ou de rameaux broyés, une couche de débris de cuisine, une couche de tiges sèches de miscanthus, une couche de mauvaises herbes, une autre de rameaux broyés. L'idéal est de ne pas dépasser 5 à 6 cm pour chaque couche. De temps en temps, ajoutez une pelletée de terre. Essayez de monter un tas aussi régulier que possible : une forme ramassée conserve mieux la chaleur qu'une forme étalée.

3. Si les matériaux sont secs, **arrosez.**

4. **Terminez** en couvrant le tas avec des branchages, des cartons.

5. Tous les mois ou tous les deux mois, **retournez le tas,** pour uniformiser la décomposition.

Mais non ! Ce n'est pas un mille-feuille !
Beurk !

Les nouveaux composts verts : une manne

On appelle ainsi les composts qui proviennent des plates-formes de compostage*. Ils ne sont apparus, dans le paysage des jardiniers, qu'assez récemment puisqu'ils sont le fruit de la loi du 13 juillet 1992 (aussi appelée loi Royal), relative à l'élimination et la valorisation des déchets, et devenue obligatoire en 2002. Dans le domaine des déchets verts (produits issus des jardins, des paysagistes, des municipalités), on a vu se construire des plates-formes de compostage. Le traitement des déchets verts y est optimisé, pour produire des composts de qualité. Certaines plates-formes produisent même des composts certifiés Écolabel, utilisables en agriculture bio.

Ces composts n'ont rien à voir avec ceux qu'un amateur produit dans son jardin, car la fermentation se fait à une échelle encore jamais atteinte :

- les quantités traitées sont énormes (par exemple, 40 000 tonnes de déchets verts par an sur la plateforme de Vert-le-Grand, dans l'Essonne) ;
- les déchets sont contrôlés, broyés, régulièrement retournés, pour garantir une excellente oxygénation ;
- la fermentation est contrôlée à tout moment, tout comme le taux d'humidité ;
- la montée en température, supérieure à 85 °C et impossible à atteindre pour un simple tas de compost du jardin, assure la

destruction de toutes les graines qui pourraient se trouver dans le compost ;

- le produit est passé au crible et analysé avant d'être distribué.

On obtient donc au final un compost aux propriétés très différentes de celles du compost de jardin :

- ces composts sont mûrs, ils ont atteint l'ultime phase de décomposition. On peut donc semer directement dedans ;
- ils sont sains, puisque la montée en température a détruit les graines de mauvaises herbes, mais aussi les champignons ou les bactéries ;
- ils ne sont pas surdosés, leur teneur en azote est faible, aux alentours de 1 %. Il n'y a donc pas de risque de brûler les racines ou de provoquer un surdosage.

Leur utilisation, en couplage avec un paillis, est abordée pages 32-33.

Au boulot, les gars !

LE PAILLAGE PUISSANCE 10, LA PERMACULTURE

La culture sur mulch permanent ou permaculture

Nous avons vu tous les bienfaits des paillis. Certains jardiniers ont poussé le concept encore plus loin, en paillant leur terre avec un mulch épais, 12 mois sur 12. La culture sur mulch permanent supprime pratiquement tout travail de la terre, cette dernière étant couverte toute l'année par un manteau de matières organiques, vivantes ou non. La faune et la micro-faune, qui vivent sous ce paillage protecteur, se chargent de travailler la terre en continu et de produire de l'humus. Les vers de terre, les insectes du sol, les racines des engrais verts créent en permanence des fissures et des pores, qui permettent la circulation optimale de l'eau et de l'air. Le travail du sol par le jardinier est donc réduit, voire supprimé.

Le saviez-vous ?

La culture sur mulch permanent est l'une des techniques principales de la permaculture. La permaculture est un ensemble de techniques, une façon de conduire son jardin ou son exploitation que l'on transforme en écosystèmes* productifs et durables, respectueux de la nature et de la fertilité des sols. La permaculture, dans son sens large, s'adosse à une éthique plus large : l'homme doit veiller aux sols, aux forêts, aux ressources en eau, à la communauté, aux générations futures et limiter sa consommation d'énergie.

Jean Pain, le génial précurseur de la permaculture

Il existe des précurseurs dans bien des domaines. Le maraîchage n'échappe pas à cette règle. Dans les années 1970, plusieurs individus préconisent d'étonnantes manières de cultiver, avec une terre constamment recouverte de matière organique. Les plus influents sont Jean Pain, un français, et Masanobu Fukuoka, un agriculteur japonais.

Jean Pain (1928-1980) est un touche-à-tout de génie. En 1964, il devient gardien d'un domaine forestier de 240 hectares, à Villecroze, dans le Var. Il veut produire ses légumes, mais la région est aride et le sol pauvre. Il observe beaucoup la forêt autour du domaine et remarque qu'elle est capable de produire ses propres déchets (bois mort, bois vert, feuilles), et ainsi de subsister et de s'étendre. Il décide donc d'utiliser la ressource locale, le bois de taille des broussailles, qu'il produit pour entretenir le domaine. Il le mouille, le déchiquète, le met en buttes*, le recouvre de terre et de branchages. Le compost est prêt en 3 mois. Il l'étale en paillis sur 7 cm et le recouvre de 10 cm de feuilles, paille ou aiguilles de pin. Dans cette couche fertile, à la fois terreau, compost et paillis, il cultive alors ses légumes. Le succès est phénoménal. En 1970, la méthode Jean Pain est née. Les qualités de son compost/paillis sont si extraordinaires qu'il produit des légumes même sur son sol très pauvre, sans arrosage (pas une goutte d'eau pendant 5 mois !), sans traitements et sans apports de fertilisants autre que son « compost de broussailles ».

Jean Pain, qui voulait vivre retiré, devint célèbre, à tel point que les gouvernements belge et québécois dépêcheront deux grands scientifiques qui s'inspireront de ses procédés pour la création de compost.

Parallèlement, Jean Pain a aussi montré comment tirer de ce compost de broussailles du gaz et de la chaleur.

Masanobu Fukuoka, le « révolutionnaire »

Masanobu Fukuoka (1913-2008) est un agriculteur japonais, scientifique de formation (microbiologiste et spécialisé en phytopathologie). Dans sa ferme, située sur l'île de Shikoku, il consacre sa vie à développer une agriculture, qu'il qualifiera de « naturelle », en réaction aux dérives de l'agriculture productiviste. Il résume, en 1975, toute son expérience dans un livre qui fit (et fait encore) date, *la Révolution d'un seul brin de paille*, qui raconte son expérience en agriculture naturelle. Sur le paillis, il écrit entre autres : « *Répandre de la paille (...) est le fondement de ma méthode pour faire pousser le riz et les céréales d'hiver. C'est en relation avec tout, avec la fertilité, la germination, les mauvaises herbes, la protection contre les moineaux, l'irrigation. Concrètement et théoriquement, l'utilisation de la paille en agriculture est un point crucial. Il me semble que c'est quelque chose que je ne peux faire comprendre aux gens.* » Il faut se remettre dans le contexte des années 1970 pour mesurer combien, à l'époque, cette pensée était révolutionnaire. Produire avec la nature, et non pas contre elle, était un concept nouveau, dont la philosophie converge étrangement avec celui de la permaculture.

Ses résultats étant meilleurs qu'en agriculture traditionnelle, la renommée de Masanobu Fukuoka grandit petit à petit. Il commença à être mondialement connu dans les années 80. Sa ferme devint la plaque tournante où professionnels, passionnés, scientifiques venaient se retrouver et échanger leurs expériences.

Imiter la nature

La nature : un maître en matière de mulch permanent

La permaculture, et plus précisément la technique de mulch permanent, est très proche de ce qui se passe dans la nature. En effet, si l'on regarde attentivement ce qui se produit dans une forêt, on risque d'être surpris ! Les feuilles ne tombent pas en automne, comme le dit la chanson, mais bien à partir de l'été. Cela ne se voit pas, car le phénomène débute doucement aux premières chaleurs ou sécheresses. Certaines graminées* sèchent aussi et se couchent. Il se forme alors, au sol, un tapis qui se décompose assez vite et donne une fine couche d'humus. Cette dernière est ensuite recouverte par d'autres feuilles, tout au cours de l'automne. Les dernières à tomber sont celles des chênes, au début de l'hiver. Elles forment alors un paillis protecteur sur la couche d'humus mûr formée en été, et sur la couche de paillis en décomposition provenant des feuilles tombées en automne. Le mulch est donc à la fois permanent et en constante évolution.

On peut reproduire ce schéma au jardin, en épandant, en automne, 2 cm de compost vert issu d'une plate-forme de compostage, une couche de terreau de feuilles en formation et une couche de paillis protecteur sur le dessus (broyat de branches, feuilles mortes, etc.). Les lombrics travaillent tout l'hiver sous cette couche épaisse et protectrice. Et, au printemps, en écartant ce qui reste du paillis, vous trouverez une terre grumeleuse, prête à accueillir vos plantes.

Le miracle de la fertilité retrouvée

Le mulch permanent change la terre, bien plus que ne le fait un simple paillis. Il permet à un sol pauvre, voire dégradé*, de redevenir fertile en 2 ou 3 ans. Comprendre les ressorts d'un tel phénomène permet de mieux gérer son mulch permanent.

• **Plus le mulch sera composé de végétaux divers,** plus il sera riche en éléments nutritifs. En effet, toutes les plantes n'explorent pas les mêmes horizons : les racines du gazon, par exemple, ne descendent pas en dessous de 15 cm de profondeur, celles de certaines mauvaises herbes atteignent 25 cm de profondeur, celles des arbustes plongent à 50 cm. Les racines des arbres peuvent tracer leur chemin jusqu'à 3, voire 4 m sous le niveau du sol. Toutes ces racines remontent des éléments qui seraient sans cela introuvables en surface. Le mulch diversifié (tontes de gazons, broyant de rameaux d'arbustes, feuilles d'arbres, etc.) que vous épandez contient alors en puissance tous les éléments minéraux nécessaires aux plantes.
Il les restituera au fur et à mesure de sa décomposition et chaque plante utilisera exactement ce qui lui convient.

• **Quand vous apportez des matériaux étrangers au jardin** pour constituer le mulch, vous faites venir des éléments nutritifs de l'extérieur. Dominique Soltner, auteur de nombreux livres sur le jardinage écologique, et avant lui Masanobu Fukuoka (voir p. 72-73), parlent alors de « transfert de fertilité ». Le compost municipal ou celui issu d'une plate-forme de compostage, votre propre compost alimenté par les déchets de cuisine, par la paille provenant d'un champ, par le fumier que vous êtes allé chercher au club hippique, par un paillis acheté en sac en jardinerie, tous ces matériaux sont potentiellement des fertilisants, transférés de l'extérieur dans votre jardin.

Comparaison entre paillage classique...

Paillage classique
C'est une technique de jardinage simple.
Organique ou minéral.
Peut se mettre au printemps.
Matériaux de provenances diverses.
Peut se mettre après la plantation, autour des plantes.
Peut être mince.
Peut se combiner à des pratiques de jardinage non entièrement écologiques.
Protège le sol.
N'étant pas permanent, est compatible avec le travail de la terre.

... et mulch permanent

Mulch permanent
C'est une technique qui s'inscrit dans un mode de pensée plus global, tourné vers le jardinage bio*.
Seulement organique.
Est permanent.
Matériaux issus du jardin, de préférence, ou de la région.
Existe avant la plantation, on plante dedans en écartant le paillis.
Est plus épais.
Ne se conçoit qu'avec des pratiques entièrement écologiques.
Protège le sol (dessiccation, mauvaises herbes, battance), améliore sa structure et enrichit la terre.
On ne travaille pas la terre, on laisse la microfaune faire le travail.

Comparaison entre une année de paillage…

Il y a mille manières de pailler et/ou mulcher. Voici deux méthodes de gestion du paillage classique et du mulching permanent.

	Paillage classique
Janvier et Février	Sur les terres couvertes, les matériaux mis en place, éventuellement à l'automne, s'épuisent petit à petit. Les oiseaux, à la recherche de terre non gelée, ont éparpillé les matériaux : on ratisse. Les terres non couvertes s'érodent et les mauvaises herbes les envahissent à la faveur des redoux.
Mars	C'est la saison des plantations et semis qui commence. S'il n'y a plus de paillis, on attend un peu que la terre se réchauffe.
Avril	On paille autour des premières plantations.

... et une année de mulch permanent

	Mulching permanent
Janvier et Février	Il gèle plus ou moins fortement, mais sous l'épais paillage, les légumes d'hiver encore en terre (poireaux, carottes, panais, topinambours) s'arrachent facilement. Les mauvaises herbes ne peuvent s'implanter durablement sur le mulch.
Mars	Le mulch a évolué, il a diminué de hauteur, il s'est transformé et a été incorporé à la terre par la micro-faune. On peut planter et repiquer dans ce mulch mince. En écartant les restes de mulch, on peut apporter du compost de la plateforme de compostage (2 cm), puis semer.
Avril	

	Paillage classique
Mai	Les premières tontes de gazon arrivent, on s'en sert en couche fine et sèche, par exemple, sur les semis.
Juin	On recharge les couches de paillis, pour empêcher les mauvaises herbes de poindre et pour conserver l'humidité. On procède après une pluie ou un bon arrosage.
Juillet et Août	On surveille l'état de la terre sous le paillis, et on arrose quand elle est sèche.
Septembre	On recharge les paillis si les vers de terre ont commencé à enfouir la matière organique.
Octobre et Novembre	On vide le tas de compost mûr que l'on épand sur les massifs et l'on complète par des feuilles mortes que l'on ramasse.
Décembre	Si le paillis est assez épais, il protège la terre du gel. Les légumes en place s'arrachent encore assez facilement. Si le paillis est mince, il est probable que la terre gèle en dessous.

	Mulching permanent
Mai	Quand les plantes poussent ou ont repris, on arrose beaucoup et on recharge la couche de mulch (20 cm de feuilles, broyats de rameaux, paille, tontes, etc.), en mélangeant des matériaux divers.
Juin	Le compost nourrit les plantes. L'humidité est préservée a priori, sans presque aucune intervention du jardinier.
Juillet et Août	On surveille l'état de la terre, mais elle doit, sauf sécheresse exceptionnelle, rester humide. Il ne doit pas y avoir besoin d'arroser.
Septembre	Le mulch s'est un peu tassé. On hache les restes de culture et on les épand au sol.
Octobre et novembre	Le mulch s'est beaucoup tassé, mais il est toujours présent.
Décembre	On écarte ou ratisse les débris du mulch et l'on dépose une couche de compost de 2 à 4 cm, puis une couche de 10 à 20 cm de mulch (résidus du précédent mulch, puis, par-dessus, BRF, feuilles, paille, etc.). La terre est prête à affronter l'hiver.

EN PRATIQUE

Jardins en permaculture à visiter

Au Petit Colibri (Charente)

Ferme en permaculture et agriculture en synergies naturelles, tenue par Richard Wallner. 6 ha cultivables et 3 ha sauvages en bord de rivière comportant une prairie naturelle.

Chemin de l'Évêché
16570 Marsac
Tél. : 06 82 37 20 61 ou 05 45 21 41 89
Site : http://aupetitcolobri.free.fr.

Chez Forest (Haute-Vienne)

« Chez Forest » est un lieu d'expérimentation en permaculture, d'environ 1,5 ha, basé sur un jardin forêt (Forest garden). On peut y découvrir, toucher, sentir et manger plus de 500 plantes utiles. « Chez Forest » constitue une pépinière de plantes vivaces médicinales, culinaires et aromatiques.

Yvonne et Steve Page
« Chez Forest »
87600 Cheronnac
Tél. : 33 05 55 48 63 62
eco.logique@no-log.org

Conservatoire de la Tomate (Hérault)

Pascal Poot cultive des légumes, collectionne et sélectionne des semences depuis qu'il est enfant. Il est installé maraîcher et paysan semencier depuis 10 ans dans l'Hérault. Il a créé le « Conservatoire de la Tomate ».

Pascal Poot et Rachel Brousse
La Roque
34700 Olmet-et-Villecun
Tél. : 04 67 96 69 83 et 06 83 13 26 50
pascalrachel@hotmail.fr

Éco-Hameau de la Ferme du Collet (Alpes-maritimes)

Domaine de 24 ha, composé de 12 ha de prés et de 12 ha de bois en zone de montagne (750 m), dans l'arrière-pays de Nice. Ferme écologique expérimentale orientée vers la permaculture.

Bertrand et Katia Ollivier
Éco Hameau de La Ferme du Collet
06260 La Penne
Tél. : 04 93 03 27 81

Ferme de Crocus (Sarthe)

Permaculture depuis 25 ans.

Freda Menetrier
La Hurellerie
72500 Jupilles (près du Mans)
Tél. : 02 43 46 99 80
fredhaliotis@yahoo.fr
Association L'ESCAMPE
escampe@free.fr

Ferme de Sourrou (Dordogne)

Auto et éco construction, maison bioclimatique hors réseau EDF, énergies renouvelables. Ferme de 38 hectares, avec un élevage extensif de chèvres angora et de moutons. Potagers, forêt comestible, zones humides. Tout en permaculture, depuis 20 ans.

Funerot Fabrice et Irene Knightley
24110 Bourrou
Tél. : 05 53 81 79 96
fabricefumerot@aol.com
Plein de photos sur leur site :
http://www.flickr.com/photos/hardworkinghippy/

Ferme du Bec-Hellouin (Eure)

Cette ferme, permacole et biologique, est à la fois un lieu de production, de recherche et de transmission. Fruits et légumes y sont cultivés en permaculture. L'École de Permaculture du Bec Hellouin propose diverses formations en permaculture, maraîchage et jardinage, pour les professionnels comme les particuliers. Un fonds documentaire rassemble de nombreux ouvrages sur la permaculture. La ferme du Bec-Hellouin a reçu le Trophée Agriculture durable de Haute- Normandie et une mention spéciale, Espoir de l'Agriculture durable, du Ministère de l'Agriculture en septembre 2013.

Perrine et Charles Hervé-Gruyer
1 sente du Moulin au Cat
27800 Le Bec-Hellouin
contact@fermedubec.com
Site : www.fermedubec.com

Ferme Nicolas Pezeril (Bourgogne)

Ferme de permaculture de 30 ha, tenue par Nicolas Pezeril. Plusieurs milliers d'arbres plantés et un des lieux les plus intéressants en ce qui concerne de la biodiversité fruitière. Conservation d'espèces rares, résistantes au froid.

Champéroux
71990 La Grande Verrière
Tél. : 03 85 82 44 35
permaculte@gmail.com

Le Jardin de Kerblouze (Morbihan)

Bertrand et Anne font visiter leur jardin familial de permaculture et Land-Art. Ils proposent aussi des journées d'immersion, « Au cœur du jardin », pour approcher les techniques de permaculture au fil des saisons, acquérir des bases pour démarrer son jardin, reconnaître et déguster les végétaux pour goûter au plaisir de manger cru et savourer un style de vie simple et sain. Visite commentée de 2 h « Au cœur du jardin » : sur réservation.

Bertrand Huguenard et Anne Martin
Kerblouze / 56500 La Chapelle Neuve
Tél. : 06 08 85 39 94 / 02 97 27 06 31
bahm56@gmail.com

Terre Paille et Compagnie (Vienne)

Stages de permaculture

Pascal Depienne
La Courdemière
86160 Champagne-Saint-Hilaire
Tél. : 06 89 06 81 81
dao.initiative@gmail.com

Verger du Pré de Sagne (Corrèze)

7 ha depuis 1984. Anciennes variétés de pommiers adaptées au climat du Limousin (altitude : 330 m) et résistantes aux maladies.

Verger du Pré de Sagne
Pradel
19240 Allassac
Tél. : 05 55 84 39 24
contact@predesagne.com
Site : www.predesagne.com

Ferme Arc-en-ciel (Belgique)

Production de légumes de qualité sur 10 ha. Portes ouvertes tous les ans, le dernier dimanche d'août.

Marcelle et Rudolph Koechli –
Natascha et Serge Peereboom
Ferme Arc-en-Ciel
rue des Hayettes, 126
3920 Wellin (Province du Luxembourg, région wallone)
Tél. : 0032 084 38 96 67

Fraternités Ouvrières (Belgique)

L'objectif des Fraternités Ouvrières est de (re)créer des liens sociaux et de solidarité par la pratique d'activités communes. Les Fraternités Ouvrières partagent leurs connaissances et leur savoir-faire du jardinage au sein d'un groupe qui s'enrichit, au fil des ans, de l'expérience de chacun.

Jardin des Fraternités Ouvrières
Gilbert et Josine Cardon
58 rue Charles Quint
7700 Mouscron (Belgique,
à la limite de la frontière française)
Tél. : 0032 56 33 38 70

Plukrijp (Belgique)

Jardin de Frank et Martine Ruymen
Trommelstraat 24
2223 Schriek (Province d'Anvers)
Tél. : 0032-(0)15/23.35.60
ou 0032-(0)485/92.42.12
frank.ruymen@pandora.be

Yggdrasil (Belgique)

Ferme AMAP en permaculture
Piet Anrijs, Lucrèce Roegiers,
Frank Anrijs
Vissenakenstraat 381
3300 Tienen (Vissenaken) (Province flamande du Brabant)
Tél. : 0032 016 82 45 37
@mail : yggdra@pandora.be

D'autres sites utiles

> http://jardinonssolvivant.fr, à la fois site et blog

> http://www.permaculturefrance.org/

> http://asso.permaculture.fr/

> http://forum.permacultureweb.fr/

> Portail de ressources documentaires : http://ressources-permaculture.fr

> Portail Suisse romand de la permaculture : http://permaculture.ch/

> Portail de la permaculture : http://permaculture.fr/ par l'association française Brin de paille

> Site québécois : http://permaculturequebec.net/

Pour communiquer entre permaculteurs

> Réseau d'échange en permaculture Groupes d'échanges locaux : http://reseaudechangeenpermaculture.ning.com/

> Le forum francophone de permaculture : http://forum.permaculture.fr mis à disposition par l'équipe WEB de l'association « Brin de Paille »

> Le forum suisse romand : http://www.permaculture.ch/forum/

> Les nouvelles des permaculteurs : http://planet.permaculture.fr/

> Les calendriers de la permaculture (événements, formations, rencontres, etc.) : http://ressources-permaculture.fr/calendrier

> Liste d'informations du réseau de permaculture de l'association « Brin de paille » : https://groups.google.com/forum/#!forum/reseau-permaculture-bdp

Et...

> Carte participative des lieux en permaculture : http://goo.gl/maps/oFI5

> Association L'Escampe, pour la promotion et la pratique de la permaculture : http://www.escampe.fr/

> Site de Jean Pain : www.jean-pain.com

Glossaire

Alcaloïdes : molécules organiques dérivées des acides aminées, que l'on trouve principalement chez les végétaux et les champignons.

Azote : élément chimique de symbole N (du latin *nitrogenium*). Dans le langage courant, il désigne le gaz, appelé diazote (N2), constituant majoritaire de l'atmosphère terrestre (4/5e de l'air). C'est aussi un élément des engrais.

Battance : c'est le caractère d'un sol qui se désagrège et se dégrade en formant une croûte en surface sous l'action de la pluie.

Bilan carbone : c'est un outil de comptabilisation des émissions de gaz à effet de serre, d'un produit, d'un individu ou d'une collectivité.

Biogaz : gaz produit par la fermentation de matières organiques animales ou végétales en l'absence d'oxygène. Cette fermentation est aussi appelée « méthanisation ».

BRF : Bois Raméal Fragmenté. Autrement dit, jeunes rameaux issus de la taille des arbustes et des arbres, de préférence en tout début de printemps, et passés au broyeur. On les étale ensuite en couverture du sol.

Buttes : monticules de terre ou de matériaux que l'on façonne à une hauteur variable.

Cellulose : principal constituant des végétaux et en particulier de la paroi de leurs cellules. C'est un glucide constitué d'une chaîne linéaire de molécules de D-Glucose (entre 15 et 15 000).

Chlorose : jaunissement des feuilles dû à un manque d'azote.

Coup de sec : épisode de sécheresse qui intervient brutalement et qui affecte l'état de la terre sur plusieurs centimètres et durant plusieurs jours.

Couvre-sol : plante au port généralement tapissant, de 1 cm à 40 cm de haut (parfois plus), qui recouvre entièrement le sol au fil de son développement.

Croûte de battance : croûte qui se forme dans les premiers centimètres du sol, sous l'action de fortes pluies, suivies par un épisode sec (voir aussi « Battance »). Cette croûte fine empêche l'eau et l'air de circuler et les graines de bien germer. Imperméable, elle favorise le ruissellement lors de fortes pluies.

Écosystème : ensemble formé par une communauté d'êtres vivants et leur environnement ou biotope (biologique, géologique, botanique, hydrologique, climatique). Ces êtres développent un réseau d'échange d'énergie et de matière permettant le maintien et le développement de la vie.

Faim d'azote : phénomène qui intervient quand l'azote du sol est consommé par les bactéries chargées de transformer la matière organique fraîche laissée au sol. Les plantes viennent alors à manquer d'azote.

Feuillus : arbres produisant des feuilles bien développées, par opposition aux conifères ou aux résineux dont la forme des feuilles est réduite à des aiguilles. Ils peuvent être caducs ou persistants.

Feutre horticole : sorte de tissu épais appelé aussi « aquanappe » ou « nappe horticole », qui laisse passer l'air et l'eau.

Fongivore : qui se nourrit de champignons.

Graminées : plantes de la famille des poacées. On y trouve la plupart des espèces de plantes qu'on appelle communément « herbes », « céréales » et des bambous.

Humus : couche supérieure du sol créée et entretenue par la décomposition de la matière organique, sous l'action des animaux, des bactéries et des champignons du sol.

Jardin alpin : le mot « alpin » a, chez les botanistes, un sens mondial, et désigne ce qui a trait aux hautes montagnes du monde entier. Un jardin alpin est composé de plantes vivant dans ces zones d'altitude, tout autour du monde.

Lignine : du latin *lignum,* qui signifie (« bois »), c'est l'un des principaux composants du bois.

Microfaune : c'est l'ensemble des tout petits êtres vivants (inférieurs à 0,2 mm) présents dans le sol. La microfaune est visible au microscope.

Mycorhizes : du grec *micro* (« champignon ») et *rhiza* (« racine ») ; c'est le résultat de l'association symbiotique entre des champignons et les racines des plantes.

Oligoéléments : éléments minéraux purs nécessaires à la vie, mais en quantités très faibles. Concentrés, ils deviennent toxiques pour l'organisme.

Plate-forme de compostage : endroit dédié au compostage en masse, alimenté par les déchets végétaux des communes, des entreprises de paysagisme, de la collecte des déchets de jardin.

Racine pivotante : racine principale qui part verticalement et souvent profondément. Elle est chargée d'assurer l'ancrage de la plante, ainsi que son alimentation en eau, qu'elle va chercher dans les couches profondes du sol.

Ruissellement : écoulement des eaux à la surface du sol (c'est le contraire de l'infiltration). À terme, il entraîne l'érosion du sol en entraînant au loin des particules de terre.

Semis spontané : semis qui se fait sans l'intervention de l'homme. La plante peut laisser tomber ses graines ou bien les graines peuvent être transportées ailleurs par des insectes, des animaux.

Sève brute : sève qui circule dans la plante via un tissu conducteur, le xylème, uniquement dans le sens ascendant, c'est-à-dire de la racine à la feuille. Elle contient uniquement de l'eau et des sels minéraux, par opposition à la sève élaborée (constituée d'eau et de matières organiques donc des lipides, protides et glucides).

Sol dégradé : sol qui a perdu ses propriétés physico-chimiques, dont la structure a été perturbée, qui a perdu son humus et ses éléments nutritifs. Les causes sont variées : travaux de terrassement, surexploitation, déforestation, ruissellement et érosion…

Surfaçage : action de remplacer les premiers centimètres du sol par du terreau neuf.

Terre arable : terre qui peut être labourée ou cultivée (latin *arabilis*, « labourable »), ou plus généralement cultivée (même sans labour).

Tuyau microporeux : tuyau destiné à l'irrigation et l'arrosage, percé sur toute sa longueur de microtrous qui laissent suinter l'eau.

Vivace : plante herbacée qui passe l'hiver (par opposition à plante annuelle, qui meurt après avoir fait ses graines). Ses parties aériennes sont le plus souvent détruites, mais la souche reste bien vivante en terre et repart au printemps suivant et ce, pendant de nombreuses années. Il existe aussi des vivaces persistantes.

Index

A • B • C

D • E • F

G • H • J

L • M

N • O • P

R • S

T • U

Photogravure : IGS - 16 L'Isle d'Espagnac
Imprimé en Espagne par Macrolibros, Valladolid
Dépôt légal : mars 2015
314790/01 – 11028217 – janvier 2015